*Los Premios Nobel*

# MITHISTORIMA
# Y OTROS POEMAS

YORGOS SEFERIS

# MITHISTORIMA Y OTROS POEMAS

EDICIONES ORBIS, S.A.

Traducciones de:
José Alsina ("Sobre un verso extranjero", "Helena", "Eurípides, ateniense")
Manuel F. Galiano ("El rey de Asine")
Jaime García Terrés (TRES POEMAS ESCONDIDOS)
Ramón Irigoyen (MITHISTORIMA, "Negación", "Hampstead", "Stratis el marino describe a un hombre")
Carlos Miralles ("El último día", "Y el mar ya no existe", "Penteo")
Goyita Núñez Esteban ("Rima", "El viejo")
Edelweiss Pacciotti ("Primer canto de amor")
Antonio Tovar ("Santorín", "Micenas", "El jazmín", "Cómicos de la legua")

Los libros MITHISTORIMA y TRES POEMAS ESCONDIDOS se ofrecen íntegros. Los demás poemas están tomados de *Suplementos de "Estudios Clásicos"*, n.º 53 (Madrid, 1968).



ISBN: 84-7530-149-5
D.L.B. 4727-1983

Impreso y encuadernado por
Printer industria gráfica, s.a. Provenza, 388 Barcelona
Sant Vicenç dels Horts

Printed in Spain

# VUELTA

1931

## RIMA

Labios, guardianes de mi amor que iba a apagarse;
manos, lazos de mi juventud que iba a escaparse;
color de un rostro caído en un lugar de la natura-
[leza...
árboles... pájaros... caza...

Cuerpo, negro al sol ardiente como la uva,
cuerpo rico de mi barco, ¿adónde viajas?
Es la hora en que se hunde el crepúsculo
y me canso de buscar las tinieblas...

(Nuestra vida se acorta cada día).

## PRIMER CANTO DE AMOR

Rosa del destino, tratabas de herirme,
pero te inclinabas, como el secreto en el momento de
[revelarse,
y era bella la orden que querías impartir
y tu sonrisa era como una espada amenazante.

La armonía de tu círculo que subía, daba vida a la
[naturaleza;
de tu espina manaba la visión y el azar del camino;
nuestro anhelo de poseerte dulcemente amanecía
[desnudo;
el mundo era fácil: un sencillo latido.

## NEGACIÓN

En una playa secreta
blanca como una paloma
tuvimos sed en la tarde;
pero el agua era salobre.

Sobre la arena tan rubia
hemos escrito su nombre;
qué bien que sopló la brisa
y se borró la inscripción.

Con qué corazón, qué aliento,
qué deseos, qué pasión
tomamos la vida: ¡error!
Y así cambiamos de vida.

# MITHISTORIMA (LEYENDA)

1935

*Si j'ai du goût, ce n'est guères*
*Que pour la terre et les pierres.*

ARTHUR RIMBAUD

## I

Al mensajero
tres años lo esperamos tenazmente
atisbando de cerca
los pinos la playa y las estrellas.
Fundidos con la reja del arado o la quilla del barco
tratamos de encontrar la primera semilla
para que comenzara de nuevo el drama antiguo.

Regresamos a casa destrozados
con los miembros desfallecidos, con la boca arrasada
por el sabor a herrumbre y a salmuera.
Al despertar viajamos hacia el norte, extranjeros,
hundidos en la niebla por las alas blanquísimas de los
[cisnes que nos herían.
En las noches de invierno nos enloquecía el fuerte
[viento del este
en los estíos estábamos perdidos en la agonía del día
[incapaz de expirar.

Llevábamos detrás
estos bajorrelieves de un arte humilde.

## II

Un pozo todavía en una gruta.
En tiempos nos fue fácil hacer surgir imágenes
[y adornos
para que se alegraran los amigos que aún nos eran
[fieles.

Las cuerdas se rompieron; sólo estrías en la boca del
[pozo
nos recuerdan la dicha ya pasada:
los dedos en el brocal, como dijo el poeta.
Los dedos sienten un poco el frescor de la piedra
y el calor del cuerpo la domina
y la gruta juega su alma y la pierde
a cada instante, plena de silencio, sin una sola gota.

## III

*Recuerda el baño en que te mataron*

Me desperté con esta cabeza de mármol en las manos
que me agota los codos, no sé dónde apoyarla.
Y caía en el sueño a medida que del sueño yo salía
así se unieron nuestras vidas y será muy difícil volver
[a separarlas.

Miro los ojos: ni abiertos ni cerrados
hablo a la boca que está a punto de hablar constante-
[mente
sostengo las mejillas que la piel traspasaron.
Estoy sin fuerzas ya.

Mis manos se me pierden y me vuelven
mutiladas.

## IV

## ARGONAUTAS

Y un alma
si quiere conocerse
en un alma
ha de verse:
al extranjero, al enemigo, lo vimos en el espejo.

Los compañeros eran bravos muchachos,
ni la fatiga ni la sed ni las heladas
les hacían gritar,
tenían los modales de los árboles y de las olas
que acogen al viento y a la lluvia
acogen a la noche y al sol
sin cambiar en medio de los cambios.
Eran bravos muchachos, días enteros
sudaban en los remos con los ojos bajos
respirando cadenciosamente
y su sangre enrojecía una piel dócil.

Cantaron una vez, con los ojos bajos,
cuando doblamos la isla abandonada de las opuncias,
hacia el oeste, más allá del cabo de los perros
que ladran.
Si quiere conocerse, decían,
en un alma ha de verse, decían,
y los remos herían el oro de la mar
en el crepúsculo.
Pasamos muchos cabos muchas islas el mar
que lleva al otro mar, gaviotas, focas.
En tiempos mujeres desgraciadas con lamentos
lloraban a sus hijos perdidos
y otras furiosas buscaban a Alejandro Magno
y las glorias hundidas en las profundidades de Asia.
Atracamos en playas rebosantes
de fragancias nocturnas y gorgeos de pájaros,
de aguas que dejaban en las manos
el recuerdo de una gran felicidad.
Pero los viajes no se terminaban.
Sus almas se fundieron con los remos y escálamos
con el rostro severo de la proa
con el surco del timón
y el agua que rompía sus semblantes.
Los compañeros acabaron en fila,
con los ojos bajos. Sus remos muestran
el sitio donde duermen en la playa.

Nadie los recuerda. Justicia.

V

No los conocimos
era la esperanza que en el fondo
[del alma nos decía
que los habíamos conocido de muy niños.
Tal vez los viéramos dos veces: después se hicieron
[a la mar.
Cargas de carbón, cargas de cereales, y nuestros
[amigos
perdidos más allá del océano para siempre.
El alba nos encuentra cerca de la lámpara cansada
dibujando con esfuerzo en un papel, torcidamente,
navíos conchas o gorgonas.
Por la tarde bajamos hacia el río
pues nos muestra el camino de la mar,
y pasamos las noches en sótanos que huelen a alqui-
[trán.

Nuestros amigos han partido
quizá no los hayamos
[visto nunca, quizá

los encontramos cuando aún el sueño
nos llevaba muy cerca de la ola que alienta,
acaso los busquemos porque buscamos la otra vida,
más allá de las estatuas.

## VI

## M. R.

El jardín con sus surtidores en la lluvia
tan sólo lo verás de la ventana baja
detrás de los cristales empañados. Solamente
la llama de la chimenea dará luz a tu cuarto
y alguna vez, en los relámpagos lejanos, aparecerán
las arrugas de tu frente, viejo Amigo.

El jardín con los surtidores que eran en tu mano
ritmo de la otra vida, más allá de los mármoles
rotos y de las columnas trágicas,
y en los laureles rosas una danza
cerca de las canteras nuevas,
un cristal empañado lo habrá cortado de tus días.
No respirarás: la tierra y la savia de los árboles
se lanzarán de tu memoria para chocar
con este cristal herido por la lluvia
desde el mundo exterior.

## VII

## VIENTO SUR

El mar hacia el oeste se confunde con una sierra de
[montañas.
A nuestra izquierda sopla el viento sur, nos enlo-
[quece,
este viento que desnuda los huesos de la carne.
Entre los pinos y los algarrobos nuestra casa.
Grandes ventanas. Grandes mesas
para escribir las cartas que te escribimos
durante tantos meses y que echamos
en la separación para colmarla.

Lucero del alba, cuando bajabas los ojos
nuestras horas eran más dulces que el aceite
en la herida, más joviales que en el paladar
el agua fresca, más serenas que edredones de cisne.
Tenías en tu palma nuestra vida.
Después del pan amargo del exilio

si frente al muro blanco de noche nos quedamos
como esperanza de fuego tu voz se nos acerca
y este viento de nuevo
afila una navaja en nuestros nervios.

Te escribimos las mismas cosas cada uno
y se calla cada uno frente al otro
mirando, cada uno para sí, el mismo mundo
la luz y las tinieblas en la sierra
y a ti.

¿Quién nos levantará del alma tanta pena?
Ayer tarde tormenta y hoy de nuevo
está pesado el cielo encapotado. Nuestros pensa-
[mientos
como agujas de pino de la tormenta de la víspera
a la puerta de casa hacinados e inútiles
quieren construir un castillo que se hunde.

En estos pueblos diezmados
sobre este cabo expuesto al viento sur
con esta sierra ante nosotros que te oculta,
¿nuestro empeño de olvido quién lo tendrá en
[cuenta?
¿Y quién aceptará la ofrenda nuestra en este fin de
[otoño?

## VIII

¿Qué buscan nuestras almas en su viaje
sobre puentes de barcos destrozados
oprimidas entre mujeres amarillas
y niños que lloran sin poder olvidarse
ni con los peces voladores
ni con las estrellas que los mástiles muestran en su
[punta,
gastadas por discos de gramófonos
involuntariamene atadas a inexistentes ritos
murmurando pensamientos rotos en lenguas extran-
[jeras?

¿Qué buscan nuestras almas en su viaje
sobre leños marinos ya podridos
de puerto en puerto,

desplazando piedras rotas, respirando
cada día con más dificultad la frescura del pino,
nadando en las aguas de este mar

y de aquel mar,
sin tacto ya
sin hombres
en una patria que ya no es de nosotros
ni es ya vuestra?

Sabíamos que las islas eran bellas
un lugar aquí en torno donde andamos a tientas
un poco más abajo o un poco más arriba
a una distancia mínima.

## IX

Es viejo el puerto, no puedo esperar más
ni al amigo que fue a la isla de los pinos
ni al amigo que fue a la isla de los plátanos
ni al amigo que se fue mar adentro.
Acaricio los cañones enmohecidos, acaricio los
[remos
para que mi cuerpo reviva y se decida.
Las velas del barco sólo exhalan olor
a sal de otra tormenta.

Si he querido estar solo, busqué la soledad,
yo no busqué una espera de este estilo,
este fraccionamiento del alma en el horizonte,
estas líneas, estos colores, el silencio este.

Las estrellas de la noche me conducen a Ulises
cuando entre los asfódelos esperaba a los muertos.
Entre los asfódelos cuando anclamos ahí cerca quisi-
[mos encontrar
la quebrada que vio a Adonis herido.

## X

Nuestro país está cerrado, todo montes
que día y noche tienen como techo el cielo bajo.
No tenemos ríos no tenemos pozos no tenemos
[fuentes,
tan sólo unas cisternas retumbantes, vacías también
ellas, que tanto veneramos.
Un sonido sordo y estancado, idéntico a nuestra
[soledad,
idéntico a nuestro amor,
idéntico a nuestros cuerpos.
Y nos parece extraño que hayamos podido construir
en tiempos
las casas las cabañas los apriscos.
Y nuestras bodas con sus coronas frescas y alianzas
se vuelven enigmas insolubles para el alma.
¿Cómo nacieron y crecieron nuestros hijos?

Nuestro país está cerrado. Lo cierran
las dos negras Simplegades. El domingo

en los puertos cuando bajamos a tomar el aire
vemos iluminarse en el crepúsculo
leños rotos de viajes que aún no terminaron
cuerpos que ya no saben cómo amar.

## XI

Como la luna se helaba tu sangre algunas veces
tu sangre en la insondable noche desplegaba
sus blancas alas sobre las rocas negras
sobre las casas y las figuras de los árboles
con una escasa luz de nuestros años niños.

## XII

## BOTELLA EN EL MAR

Tres rocas, escasos pinos calcinados y una ermita
y más arriba
vuelve a empezar la copia de idéntico paisaje:
tres rocas en forma de portal, enmohecidas,
escasos pinos calcinados, negros y amarillos,
sepultada en la cal una casita
cuadrada y más arriba todavía muchas veces
surge el mismo paisaje en escalera
hasta el horizonte, hasta el cielo que declina.

Aquí anclamos la nave para empalmar los remos
[rotos,
beber agua y dormir.
El mar que nos causó tanta amargura es profundo
[e insondable,
despliega una bonanza inmensa.
Aquí entre los guijarros encontramos

una moneda y la jugamos a los dados.
La ganó el más pequeño y desapareció.

Volvimos a embarcar con nuestros remos rotos.

## XIII

## HIDRA

Delfines estandartes cañonazos.
El mar tan amargo para tu alma en tiempos
levantaba navíos polícromos y resplandecientes,
se plegaba, y los balanceaba plenamente azul con alas
[blancas,
tan amargo para tu alma en tiempos
y ahora al sol henchido de colores.

Velas blancas luz remos mojados
herían con ritmo de timbal olas en calma.

Bellos fueran tus ojos si miraran
y tus brazos brillantes si se abrieran
como en tiempos tus labios vivos estarían
ante un prodigio tal:
lo buscabas
y qué buscabas tú ante la ceniza

o en la niebla en la lluvia y en el viento
a la hora en que las luces titilaban
y la ciudad se hundía y desde el pavimento
su corazón te mostraba el Nazareno,
¿qué buscabas? ¿por qué no vienes? ¿qué buscabas?

## XIV

Tres palomas rojas en la luz
grabando en la luz nuestro destino
con colores y gestos de personas
que amábamos.

## XV

*Quid* ηλατανὼν *opacissmus?*

El sueño te envolvió con hojas verdes, como a un
[árbol,
respirabas, como un árbol, en una luz serena
y en la fuente transparente vi tu cara
con los párpados cerrados y las pestañas horadando
[el agua.
Mis dedos encontraron tus dedos entre la hierba
[tierna,
te tomé el pulso un instante
y sentí en otra parte la pena de tu alma.

Bajo el plátano, cerca del agua, en los laureles
te desplazaba y destrozaba el sueño
en torno a mí, cerca de mí, sin yo poder tocarte toda
[entera,
unida a tu silencio:

yo veía tu sombra agigantarse y hacerse más pe-
[queña,
perderse en otras sombras, en el otro
mundo que te dejaba y te cogía.

La vida que nos dieron a vivir ya la vivimos.
Ten lástima de aquellos que aún esperan con tan gran
[paciencia
perdidos bajo el peso de los plátanos en los laureles
[negros,
y de cuantos hablan solos a las cisternas y a los pozos
y se ahogan en los círculos mismos de su voz.
Y compadece al compañero que sudor y penurias
[compartió con nosotros
y se hundió en el sol, como un cuervo más allá de los
[mármoles,
sin esperanza de gozar la recompensa.

Danos la serenidad fuera del sueño.

## XVI

*y por nombre Orestes*

En la pista, en la pista de nuevo, en la pista
cuántas vueltas y círculos sangrientos, cuántas filas
negras de gente que me mira,
que me miraba cuando sobre el carro
radiante levantaba yo la mano, y me aclamaba.

La baba de los caballos me golpea, los caballos
¿cuándo se cansarán?
Chirría el eje, el eje se calienta, el eje ¿cuándo se
[incendiará?
¿Cuándo se romperán las riendas, cuándo los cascos
en toda su extensión van a pisar la tierra,
la tierna hierba, entre las amapolas donde tú en
[primavera
cogías una margarita?
Eran bellos tus ojos mas no sabías tú dónde mirar,

dónde mirar tampoco yo sabía, yo que sin patria
lucho aquí cerca —¿cuántas vueltas?—
y siento que se doblan mis rodillas sobre el eje,
sobre las ruedas y la salvaje pista,
las rodillas se doblan fácilmente cuando quieren los
[dioses,
nadie puede escaparse: ¿de qué sirve la fuerza?, no
[puedes
escapar del mar que te acunó y que tú buscas
en esta hora del combate en el aliento de los caballos
con las cañas que cantaban en otoño al modo lidio
el mar que no puedes hallar por más que corras
por más que vuelvas a las Euménides negras que
[están cansadas ya,
sin remisión.

XVII

## ASTIANACTE

Ahora que te vas toma al niño
que vio la luz debajo de aquel plátano
un día en que sonaban las trompetas y brillaban las
[armas
y se inclinaban los caballos sudorosos para tocar
en el abrevadero con los hocicos húmedos
la superficie verde de las aguas.

Los olivos con las arrugas de los padres
las rocas con la sabiduría de los padres
y la sangre de nuestro hermano viva en la tierra
eran augusta norma gozo fuerte
para las almas que conocían su plegaria.

Ahora que te vas y que despunta el día
de saldar las cuentas, ahora que nadie sabe
a quién ha de matar ni cómo acabará,

toma contigo al niño que vio la luz
debajo de las hojas de aquel plátano
y enséñale a pensar en los árboles.

## XVIII

Lamento haber dejado pasar un río ancho entre mis
[dedos
sin beber ni una gota.
Ahora me hundo en la piedra.
Un pino pequeño sobre la tierra roja,
mi única compañía.
Lo que amé se ha perdido con las casas
que estando nuevas el verano último
se hundieron con el viento del otoño.

## XIX

Por más que sopla el viento no nos da frescura
y bajo los cipreses la sombra sigue estrecha
y en torno sólo hay montes escarpados.

Nos cargan los amigos
que no saben ya cómo morir.

## XX

En mi pecho se vuelve a abrir la herida
cuando declinan las estrellas y entroncan con mi
[cuerpo
cuando bajo los pasos de los hombres cae silencio.

Estas piedras que naufragan en los años ¿hasta dónde
[van a arrastrarme?
El mar, el mar, ¿quién podrá agotarlo?
Cada alba veo las manos que hacen señales al buitre
[y al halcón
atadas a esa roca que el dolor ha hecho mía,
veo los árboles que respiran la calma negra de los
[muertos
y después sonrisas, inmóviles, de estatuas.

## XXI

Nosotros que partimos para este
peregrinaje, miramos las estatuas destrozadas,
nos olvidamos y dijimos que la vida tan fácilmente
[no se pierde
y que la muerte tiene caminos insondables
y una justicia propia;

y que cuando morimos con la cabeza alta,
hermanados en la piedra,
unidos con la dureza y la impotencia,
los muertos de otros tiempos huyeron ya del círculo,
[se alzaron,
y sonríen en una calma extraña.

## XXII

Ya que ante nuestros ojos tantas y tantas cosas
[desfilaron
que nuestros ojos nada vieron, sino que más lejos
y detrás la memoria como una tela blanca cierta
[noche
en un recinto en que vimos imágenes extrañas, más
[extrañas que tú, pasar
y perderse en la fronda inmóvil de un lentisco;

ya que hemos conocido tan bien nuestro destino
errando entre las piedras rotas —tres o seis mil años—
excavando en edificios derrumbados que quizá ha-
[bían sido nuestras casas
tratando de recordar fechas y hazañas:
¿podremos?

ya que fuimos atados y fuimos dispersados
y ya que hemos luchado con asperezas por lo que se
[decía inexistentes,

perdidos, y encontrando de nuevo un camino lleno
[de batallones ciegos
hundiéndonos en los pantanos y en el lago de
[Maratón,
¿podremos morir normalmente?

## XXIII

Un poco aún
veremos los almendros florecer
brillar al sol los mármoles
el mar romperse en olas

un poco aún,
alcémonos un poco más arriba.

## XXIV

Aquí acaban las obras de la mar las obras del amor.
Aquellos que un día vivirán aquí donde acabamos,
si alguna vez la sangre en su memoria se ennegrece
[y se desborda,
que no nos olviden, almas débiles entre los asfódelos,
que vuelvan hacia el Erebo las cabezas de las víc-
[timas:

Nosotros que no teníamos nada les enseñaremos el
[sosiego.

# GIMNOPEDIAS

1936

## SANTORÍN

Asómate si puedes sobre el mar oscuro, olvidado
del eco de una flauta sobre los pies descalzos
que pisan tu sueño de la otra vida, la sumergida.

Escribe, si puedes, en tu última concha
el día, el nombre, el lugar
y tírala al mar para que se hunda.

Nos hemos hallado desnudos sobre la roca espon-
[josa
mirando las islas emergidas,
mirando las rojas islas que se hunden
en su sueño, en nuestro sueño.
Aquí estamos desnudos sosteniendo
la balanza que se inclina del lado
de la injusticia.

Tendones de fuerza, voluntad sin sombra, amor
[calculado,

al sol de mediodía figuras que maduran,
carrera del destino con el golpe de la mano joven
en la espalda:
en el lugar que se dispersó, que no resiste,
en el lugar que era alguna vez nuestro,
se hunden las islas, ceniza y herrumbre.

Altares en ruinas
y los amigos olvidados,
hojas de la palmera en la basura.

Deja, si puedes, tus manos que viajen
aquí en el cambio del tiempo en el barco
que se acercó al horizonte.
Cuando el dado golpeó la losa,
cuando la lanza golpeó la coraza,
cuando el ojo conoció al extranjero
y se secó el amor
en las almas horadadas.
Cuando miras a tu alrededor y hallas
los pies segados,
las manos muertas,
los ojos tenebrosos.
Cuando no te queda ya ni buscar
la muerte que escoges para ti,
oyendo un grito,
aun el grito del lobo,
como tu propiedad.
Deja, si puedes, tus manos que viajen,
despégalas del tiempo infiel
y húndete:
se hunde el que transporta las grandes piedras.

## MICENAS

Dame tus manos, dame tus manos, dame tus manos.

Vi en medio de la noche
la escarpada cumbre de la montaña;
vi el campo a lo lejos inundado
con la luz de una luna invisible;
vi, al volver la cabeza,
las rocas negras amontonadas
y mi vida tensa como una cuerda,
principio y fin,
el último instante:
mis manos.

Se hunde el que transporta las grandes rocas:
estas rocas que llevé mientras tuve paciencia,
estas rocas que amé mientras tuve paciencia,
estas rocas, mi destino.
Herido por mi propio túmulo,
atormentado por mi propio vestido,

condenado por mis propios dioses,
estas rocas.

Sé que no saben, mas yo
que seguí tantas veces
el camino del asesino a la víctima,
de la víctima al castigo
y del castigo al otro asesinato,
palpando
la inextinguible púrpura
la tarde aquella del regreso
cuando comenzaron a silbar las Venerables
en la pobre hierba...
Vi a las serpientes cruzándose con las víboras
enredadas en una mala raza,
nuestro destino.

Voces de la piedra del sueño
más profundas aquí donde el mundo se oscurece;
memoria de la fatiga arraigada en el ritmo
que hirió la tierra con pies
olvidados.
Cuerpos hundidos en los cimientos
de otro tiempo, desnudos. Ojos
clavados, clavados, con una señal
que aunque quieras no la distingues:
el alma
que lucha por hacerse tu alma.

Ni el silencio es ya tuyo
aquí donde han callado las ruedas molineras.

# CUADERNO DE ESTUDIOS

1937

## SOBRE UN VERSO EXTRANJERO

¡Feliz quien pudo hacer el viaje de Ulises!
Feliz, si, a su partida, sintió que, fuerte, recorría el bagaje de un amor todo su cuerpo, como las venas donde hierve la sangre.

De un amor infinito, invencible como la música y eterno,
porque nació con nosotros y que, al morir, no sabemos, ni nosotros ni nadie, si a su vez morirá.

Ruego a Dios que me deje decir en un instante de dicha lo que es este amor.
A veces, sentado en tierra extraña, escucho su murmullo lejano como el rumor del mar que llega con la inexplicable borrasca.

Y aparece ante mí, una y otra vez, la imagen de Ulises, con los ojos enrojecidos por la sal de las olas y la nostalgia por ver de nuevo el humo que sale de la chimenea de su casa, y el perro que envejeció en el portal esperándole.

Yérguese, enorme, pronunciando en voz baja, por entre las canas de su barba, palabras de nuestra lengua tal como la hablaban hace ya tres mil años.
Extiende una mano encallecida por las jarcias y el timón, con la piel reseca por el viento, el calor y los hielos.

Dirías que se dispone a expulsar de entre nosotros al gigantesco Cíclope que tiene sólo un ojo, y a las Sirenas, que pierden a quien las escucha, y a Escila y Caribdis,
monstruos tan complicados que no nos permiten imaginarnos que él también era un hombre que luchó en este mundo con alma y cuerpo.

Es grande Ulises, el que inspiró la construcción del caballo de madera con el que los aqueos conquistaron a Troya.
Me imagino que viene a explicarme que yo también podría construirme un caballo de madera y conquistar mi Troya.

Porque habla humildemente, en calma y sin esfuerzo, dirías que me conoce como un padre
o como aquellos viejos marineros, que, apoyados en sus redes, cuando rugía la tormenta y el aire se irritaba,

me cantaban, en mis tiempos de niño, la canción de Erotócrito con lágrimas en los ojos,
cuando temblaba en sueños al escuchar la triste suerte de la infeliz Areti[1] al bajar las escaleras de mármol.

Me cuenta el terrible dolor de sentir las velas de la nave hincharse por el recuerdo y tu alma convertirse en timón,
mientras tú estás solo, envuelto en la tiniebla de la noche, sin rumbo como la paja en la era.

¡Qué amargura la de ver a tus compañeros hundidos en los elementos, dispersados uno tras otro!
¡Qué extraña fuerza sientes al hablar con los muertos cuando ya no te bastan los vivos que quedaron!

Habla... Aún veo sus manos, que sabían comprobar si estaba bien grabada la sirena en la proa.
Que me concedan un mar azul y tranquilo en el corazón de la tormenta.

1. Es un personaje del *Erotócrito*.

## EL VIEJO

¡Han pasado tantos rebaños, tantos pobres
y ricos caballeros! Algunos,
venidos de lejanas aldeas, han permanecido
toda la noche en las cunetas de la carretera;
han encendido hogueras contra los lobos, ¿ves
la ceniza? Cicatrices negras y redondas.
Está cubierto de señales, como el camino.
En el pozo seco, más arriba, arrojaban a los perros
rabiosos. No tiene ojos, está cubierto
de cicatrices y delgado: sopla el viento.
No distingue nada, lo sabe todo,
vaina vacía de cigarra sobre un árbol hueco.
No tiene ojos ni en las manos, conoce
el alba y el crepúsculo, conoce las estrellas.
Su sangre no le alimenta, no es
un muerto, no es de ninguna raza, no morirá;
lo olvidarán así, sin filiación.
Las fatigadas uñas de sus dedos
trazan cruces sobre sus recuerdos corrompidos
mientras sopla el viento en torbellino. Nieva.

He visto la escarcha alrededor de su rostro.
He visto sus labios húmedos, las lágrimas heladas
en el rincón de su ojo, he visto el pliegue
de dolor junto a las aletas de su nariz y el esfuerzo
en las arrugas de sus manos. He visto su cuerpo
[acabarse.
No está esta sombra solamente atada
a un bastón seco que no se dobla,
no se inclina ya para tenderse, no puede.
El sueño dispersará sus miembros
en las manos de los niños para que jueguen.
Domina como las ramas muertas
que se quiebran cuando cae la noche y despierta
el viento en los valles,
domina sobre las sombras de los hombres,
no sobre el hombre que, dentro de la sombra,
no oye sino la voz silenciosa
de la tierra y del mar allí donde encuentran
la voz del destino. Está enhiesto
en la orilla, entre bolas de hueso,
entre montones de hojas amarillas:
nido vacío esperando
la hora del fuego.

## HAMPSTEAD

Como un pájaro con las alas rotas
que en el aire ha viajado muchos años;
como un pájaro que no puede aguantar
el viento y la tormenta,
cae la tarde.
Sobre la hierba verde
habían bailado todo el día tres mil ángeles
desnudos como acero.
Cae la tarde pálida.
Los tres mil ángeles
juntaron sus alas y engendraron
un perro
olvidado
que ladra
solitario
y busca a su dueño
o el juicio universal
o un hueso.
Un poco de calma busco ahora;

me bastaría una choza en la colina
o en la costa;
me bastaría ante mi ventana
una sábana sumergida en añil,
extendida como el mar;
me bastaría en mi tiesto
hasta un clavel artificial,
un papel rojo en un alambre
de forma que pudiera el viento,
el viento dominarlo sin esfuerzo
cuanto quisiera.
Caería la tarde;
los rebaños harían resonar el eco al bajar a su aprisco
como una reflexión muy sencilla y dichosa
y caería dormido
porque no tendría
ni una vela en que encender
luz
para leer.

## STRATIS EL MARINO DESCRIBE A UN HOMBRE

1.

Pero ¿qué tiene este hombre?
Toda la tarde (ayer, anteayer y hoy) está sentado con
los ojos clavados en el fuego;
esta tarde conmigo ha tropezado al bajar la escalera
y me ha dicho:
«El cuerpo muere, el agua se enturbia, el alma
vacila
y el viento olvida; todo olvida,
pero el fuego no cambia».
Me ha dicho también:
«Sabe, amo a una mujer que se fue tal vez al otro
mundo; no es esto lo que me hace parecer tan
desolado,
trato de sostenerme en una llama,
porque no cambia».
Después me contó la historia de su vida.

## 2. Niño

Cuando empecé a crecer, los árboles me torturaban:
«¿Por qué sonríe? ¿Su pensamiento voló a la prima-
vera que es tan dura con los niños pequeños?»
Las hojas verdes me gustaban mucho;
si aprendí algunas cosas creo que fue porque el
secante que guardaba en el pupitre era también
verde;
me torturaron las raíces de los árboles cuando venían
en el calor del invierno a enrollarse en torno de
mi cuerpo.
No tenía otros sueños yo de niño:
así conocí mi cuerpo.

### 3. Adolescente

Un verano —tenía yo dieciséis años— una voz extraña cantaba en mis oídos;
fue —recuerdo— a la orilla del mar, entre las redes rojas y una barca olvidada en la arena como un esqueleto.
Traté de acercarme a aquella voz aplicando mi oído a la arena;
la voz se perdió,
pero cayó una estrella
como si viera yo por vez primera una estrella caer
y en los labios el sabor salado de la ola.
Las raíces de los árboles la noche aquella no volvieron ya.
Al otro día un viaje se abrió en mi pensamiento y se volvió a cerrar como un libro de imágenes;
soñaba con volver a la playa cada tarde
para primero conocer la playa y partir después hacia alta mar.
Al tercer día a una muchacha amé sobre una cima;

tenía una casita blanca como una ermita;
una madre anciana en la ventana con las gafas
pegadas a la aguja, siempre silenciosa;
un tiesto de albahaca, un tiesto de claveles;
se llamaba, creo, Vaso, Froso o Bilio;
así olvidé yo el mar.
Un lunes de octubre
ante la casita blanca hallé un cántaro roto.
Vaso —para abreviar— apareció con un vestido
negro, el pelo despeinado y los ojos rojos
cuando le pregunté:
«Murió, el médico dice que murió por no haber
degollado un gallo negro en los cimientos...
dónde encontrar un gallo negro por aquí... sólo
bichos blancos... y en el mercado las aves las
venden ya peladas».
La tristeza y la muerte no las imaginaba así;
me fui y volví al mar.
En el «San Nicolás» sobre cubierta aquella noche
soñé con un olivo viejo que lloraba.

## 4. Joven

Con el capitán Odiseo viajé un año,
fui feliz:
en el buen tiempo me acomodaba en la proa cerca de
la sirena,
canté sus labios rojos contemplando los peces voladores,
en las tormentas me hundía en una esquina de la cala
con el perro del barco que daba calor.
Al acabar el año yo vi una madrugada minaretes
y me dijo el patrón:
«Es Santa Sofía, te llevaré a la tarde de mujeres».
Así conocí las mujeres que sólo llevan medias;
aquellas que elegimos, desde luego.
Era un lugar extraño,
un patio con dos nogales, una parra, un pozo
y, en torno, la pared con cristales rotos en el borde.
Un canal cantaba «Al correr de mi vida».
Entonces vi por vez primera un corazón
traspasado por una flecha conocida

pintada con carbón en la pared.
Vi amarillas las hojas de la parra
caídas en la tierra
pegadas al barro miserable, al pavimento,
y di un paso hacia atrás para volver al barco.
Entonces el patrón me cogió por el cuello y me arrojó en el pozo:
¡qué caliente el agua y tanta vida en torno de la piel!
Después me dijo la muchacha jugando distraída con su seno derecho:
«Soy de Rodas, por cien duros me desposaron a los trece años».
Y el canal cantaba «Al correr de mi vida».
Me acordé del cántaro roto aquella tarde fresca y pensé:
«Morirá también ésta, ¿cómo morirá?»
Le dije solamente:
«Ten cuidado, vas a estropearlo y es tu vida».
Por la tarde en el barco no pude acercarme a la sirena, estaba avergonzado.

## 5. Hombre

He visto desde entonces muchos paisajes nuevos: campos verdes en que el cielo y la tierra, el hombre y la semilla se confunden en una humedad irresistible; plátanos y abetos; lagos con visiones arrugadas y cisnes inmortales porque habían perdido ya su voz, decoraciones que desplegaba mi compañero voluntario —este comediante errante— mientras tocaba una bocina larga que le había destrozado los labios, y con voz penetrante como la trompeta de Jericó derrumbaba lo que yo llegaba a construir. Vi también un cuadro viejo en una sala de techo bajo; mucha gente lo admiraba. Representaba la resurrección de Lázaro. No recuerdo ni a Lázaro ni a Cristo. Sólo, en una esquina, la repugnancia pintada en una cara que miraba el milagro como si oliera. Trataba de proteger su aliento con un pañuelo enorme que a lo largo del cuerpo le colgaba. Este señor del Renacimiento me enseñó a no esperar gran cosa del Juicio Universal.

*Nos decían: «Venceréis cuando estéis sometidos».*
*Nos sometimos y hallamos la ceniza.*
*Nos decían: «Venceréis cuando améis».*
*Amamos y hallamos la ceniza.*
*Nos decían: «Venceréis cuando dejéis la vida».*
*Dejamos nuestra vida y hallamos la ceniza.*

Hallamos la ceniza. Nos falta encontrar de nuevo nuestra vida ahora que no tenemos nada. Me imagino que el que vuelva a hallar la vida, a pesar de tantos papeles, tantos sentimientos, tantas luchas y tantas enseñanzas, será alguien como nosotros, sólo que un poco más tenaz en el recuerdo. Para nosotros no es posible, recordamos todavía lo que dimos. Aquél recordará tan sólo sus ganancias por cada una de sus ofrendas. ¿Qué puede recordar una llama? Si recuerda un poco menos de lo necesario, se apaga; si recuerda un poco más de lo necesario, se apaga. ¡Si pudiera enseñarnos, cuando arde, a recordar con precisión! Acabé. ¡Si hubiera, al menos, otro que empezara donde yo he terminado! Hay momentos en que tengo la impresión de haber llegado al fin, de que todas las cosas se encuentran en su sitio, conjuntadas, dispuestas a cantar. La máquina a punto de ponerse en marcha. Puedo, desde luego, imaginarla viva, en movimiento, como algo insospechadamente nuevo. Pero queda algo todavía; un obstáculo mínimo, un grano de arena que se hace más pequeño, más pequeño sin poder jamás aniquilarse. No sé qué tengo que decir ni lo que debo hacer. Este obstáculo se me presenta a veces como un núcleo de lágrimas hundido en cierta juntura de la orquesta sin dejarla sonar hasta que se disuelva. Y tengo el sentimiento insoportable de que toda la vida que me queda no será suficiente para disolver esta gota dentro de mi alma. Y me persigue el pensamiento de que este instante inacabable sería el último en rendirse si me quemaran vivo.

¿Quién nos ayudaría? Una vez, cuando andaba en los barcos todavía, un mediodía de julio, me encontré solo en una isla, deshecho bajo el sol. Un viento suave me traía tiernos pensamientos, cuando vinieron a sentarse, un poco más allá, una mujer con un vestido transparente que dejaba adivinar su cuerpo, delgado y fuerte como el de una cierva, y un hombre silencioso que, a cierta distancia, la miraba a los ojos. Hablaban una lengua que yo no comprendía. Le llamaba Jim. Sus palabras, sin embargo, no tenían peso y sus miradas, confundidas e inmóviles, dejaban sus ojos ciegos. Pienso siempre en ellos por ser las únicas personas que he visto en mi vida sin tener ese aire rapaz o ya batido que he hallado en todos los demás. Ese aire que los hace pertenecer al rebaño de los lobos o al rebaño de los corderos. Las volví a encontrar el mismo día en una de esas capillas isleñas que encuentra uno al pasear y que pierde apenas sale de ellas. Mantenían siempre la misma distancia y después se acercaban y se besaban. La mujer se convirtió en una imagen oscura y desapareció, pequeña como era. Me pregunto si sabían que estaban fuera de las redes del mundo...

Es hora de que parta. Conozco un pino que se inclina cerca de un mar. Al mediodía regala al cuerpo fatigado una sombra medida como nuestra vida, y a la tarde, el viento, pasando a través de sus agujas, entona una canción extraña, como almas que abolieron la muerte en el instante de volver a convertirse en piel y labios. Una vez pasé la noche en vela debajo de este árbol. Al alba estaba nuevo, como si entonces mismo me hubieran tallado en la cantera.

¡Ay! ¡Si al menos se pudiera vivir de esta manera! No importa.

# DIARIO DE A BORDO, I

1940

## EL ÚLTIMO DÍA

Era un día nublado. Nadie se decidía.
Soplaba un viento suave: «No es del norte, es siroco»
[dijo alguien.
Unos secos cipreses encerrados en la playa y el mar
gris con estanques de luz, más allá.
Los soldados presentaban armas y comenzó a llo-
[viznar.
«No es del norte, es siroco», la sola decisión que
[pudo oírse.
Pero también sabíamos que a la mañana siguiente no
[nos quedaría
ya nada, ni la mujer bebiendo a nuestro lado el sueño
ni el recuerdo de haber sido alguna vez hombres,
ya nada a la mañana siguiente.

«Este viento recuerda la primavera» decía la amiga
que paseaba a mi lado con la vista a lo lejos, «la
[primavera

que cayó inesperada a mitad del verano cerca de la
[cerrada mar.
¡Tan súbitamente! ¡Pasaron tantos años! ¿Cómo
[moriremos?»

La marcha fúnebre vendimiaba entre la amiga lluvia.
¿Cómo muere un hombre? Es raro que nadie lo haya
[meditado.
Y los que lo pensaron fue porque recordaron las
[antiguas crónicas
de la época de las Cruzadas o de la batalla naval de
[Salamina.
Pero también la muerte es algo que sucede: ¿cómo
[muere un hombre?
Pero también se gana cada uno su muerte, su propia
[muerte, que no corresponde a nadie más.
Y este juego de niños es la vida.
Se abatía una luz desde el día de cielo nublado. Nadie
[se decidía.
A la mañana siguiente nada nos quedaría; todo
[perdido; ni nuestras manos;
y nuestras mujeres trabajando como esclavas traji-
[nando agua y nuestros hijos
en las canteras.
Mi amiga cantaba, paseando a mi lado, trozos de una
[canción:
«En la primavera, en el verano, esclavos...»
Recordaba uno a los ancianos maestros que nos
[dejaron huérfanos.
Una pareja pasó conversando:
«Estoy harto de crepúsculo, vámonos a casa,
vámonos a casa y encenderemos la luz».

## EL JAZMÍN

Ya anochezca,
ya haya luz,
sigue blanco
el jazmín.

## EL REY DE ASINE

Estuvimos toda la mañana mirando en torno a la
[ciudadela,
empezando por el lado de la sombra, allí donde el
[mar,
verde y sin reflejos como el pecho de un pavo real
[muerto,
nos ha recibido como el tiempo en que no hay
[fisuras.
Las venas de la roca bajaban de lo alto,
retorcidos, desnudos, ramificados sarmientos que se
[rejuvenecen
al tocar el agua; y el ojo, siguiéndoles,
se esforzaba por evitar el fatigoso vaivén
perdiendo más y más su agudeza.

Por el lado del sol, una enorme playa toda abierta
y la luz puliendo joyas en los grandes muros.
Ningún ser vivo sino unas palomas torcaces que
[huían

y el rey de Asine, al que buscábamos desde hacía dos
[años:
anónimo, olvidado de todos y, por parte de
[Homero,
sólo una palabra en la *Ilíada* y aun ésta dudosa,
tirada allí como una máscara sepulcral de oro.
Te acercaste a ella: ¿recuerdas su eco? Hueca en
[plena luz
como una vasija seca en el terraplén excavado.
Y su eco desde el mar, en nuestros remos.
El rey de Asine, un vacío debajo de la máscara,
en todas partes entre nosotros, siempre entre nos-
[otros, debajo del solo nombre:
'Ασίνην τε... 'Ασίνην τε...
Y sus hijos, estatuas,
y sus añoranzas, aleteo de pájaros, y el viento
en las rendijas de sus pensamientos, y sus naves
ancladas en un puerto desconocido:
un vacío debajo de la máscara.

Detrás de los grandes ojos, los curvos labios, los
[cabellos
incisos en el antifaz de oro que cubre nuestra
[vida:
un oscuro signo que viaja como un pez
en la calma del amanecer marino; y, cuando se le
[mira,
un vacío por todas partes entre nosotros.
Y el pájaro que voló el pasado invierno
con alas extendidas,
despojos mortales de una vida,
y la mujer joven que no quiso jugar

por los colmillos del verano
y el alma que buscó quejándose el mundo de allá
[abajo
y el lugar como la gran hoja de plátano que arrastra el
[torrente del sol
con los antiguos monumentos y la pena de hoy.

Y el poeta se detiene mirando las piedras y se
[pregunta
si existen, pues,
entre estas desvaídas líneas, rayas y puntos, oqueda-
[des y curvas,
si existen, pues,
aquí, donde se encuentra el paso de la lluvia y del
[viento y de la destrucción,
si existen la movilidad del rostro, el gesto de amor
de aquellos que desaparecieron tan extrañamente de
[nuestra vida,
de aquellos que afrontaron las sombras de las olas
[y los pensamientos sobre la infinitud del mar
y si tal vez no queda jamás nada, sino solamente el
[peso,
la nostalgia del peso de una existencia viva
allí donde permanecemos ahora sin cimientos, incli-
[nándonos
como las ramas del terrible sauce amontonadas en la
[eternidad de la desesperación
mientras la pálida corriente se lleva perezosos juncos
[arrancados al fangal,
imagen del rostro que se petrificó en la fijación de
[una tristeza eterna.
El poeta, un vacío.

Portador de escudo, el sol subía luchando
y, desde lo profundo de la cueva, un murciélago [asustado
vino a chocar contra la luz como la flecha contra el [broquel.
'Ασίνην τε... 'Ασίνην τε... ¿Si sería el rey de Asine,
al que buscamos tan cuidadosamente en esta ciuda- [dela
acercando de cuando en cuando nuestros dedos para [tocar la piedra?

# DIARIO DE A BORDO, II

1944

## CÓMICOS DE LA LEGUA[1]

Plantamos teatros y los tiramos
donde paramos y nos hallamos;
fundamos teatro y escenario,
pero nuestro destino es temerario

y nos arrastra y lo barre todo,
los cómicos y del mismo modo
el empresario, músicos y apuntador
a los cinco vientos de alrededor.

Carnes, aspilleras, carmines, tablas,
rimas, sentimientos, túnicas, faldas,
máscaras, ocasos, llantos y gemir
y epifonemas y de cada día el abrir,

1. Nota de Antonio Tovar, traductor de este canto: «He intentado copiar el ritmo y las rimas de este poema, para lo que me he tomado algunas pequeñas libertades, como poner *faldas* en vez de *mantos*, con una rima pobre, o ripios como *al ras*, *aquel* e *infiel*. También he puesto *archiduque*.»

arrancados con nosotros de cuajo y al ras
(dime dónde vamos, dime dónde vas),
desnudos los nervios en nuestra piel
cual de onagro o cebra el rayado aquel;

desnudos y al aire o en caja guardados
(¿cuándo nos engendraron? ¿cuándo seremos ente-
[rrados?)
y como cuerdas a más tender
de una lira que entera vibra. Ve

también nuestro corazón: una esponjita
que la calle y el bazar arrastrándose visita
bebiendo la sangre y la hiel
del archiduque y del bandido infiel.

# DIARIO DE A BORDO, III

1955

## HELENA

«Los ruiseñores no te dejan dormir en Platres.»

Tímido ruiseñor que entre el aliento de las hojas
brindas el alivio musical del bosque
a los cuerpos fatigados y a las almas
de quienes saben que no han de regresar;
ciega voz que a tientas buscas en la noche del [recuerdo
pasos, gestos, diría casi besos
y el amargo tormento de la indómita sierva.
«Los ruiseñores no te dejan dormir en Platres».

¿Qué es Platres? ¿Quién conoce esta isla?
He pasado mi vida oyendo extraños nombres,
países nuevos, nuevas locuras de hombres
o de dioses.
Mi destino, que flota
entre la gruesa espada de un Ayante
y una nueva Salamina,

me trajo hasta esta playa.
La luna
ha surgido del mar como Afrodita,
ha oscurecido los astros del Arquero y se dispone
[a herir
el corazón de Escorpión y todo se transforma.
¿Dónde está la verdad?
Yo era también un arquero en la guerra.
Mi destino, el de un hombre fracasado.

Canoro ruiseñor,
en una noche como ésta en la playa de Proteo
escucharon tu voz las esclavas de Esparta y se
[echaron a llorar
y entre ellas, ¿quién dirías? ¡Helena!
¡Tantos años que estuvimos buscándola junto al
[Escamandro!
Estaba allí, al borde del desierto. Me acerqué a ella
[y me dijo:
«No es verdad, no es verdad –decía–,
nunca subí a la nave de azulada proa
ni he pisado jamás la fuerte Troya».

Con profunda cintura, el sol en los cabellos y ese
[porte
todo sonrisa y sombras,
en los hombros, en los muslos, en las rodillas,
radiante piel y ojos
con sus largas pestañas
estaba allí, a la orilla de un delta.
¿Y en Troya?
En Troya, nada. Era sólo un espectro.

Así lo quisieron los dioses.
Y Paris dormía al lado de una sombra como si fuera
[un ser vivo.
Y nosotros estuvimos muriendo por Helena durante
[diez años.

Un enorme dolor se abatió sobre Grecia.
¡Tantos cuerpos arrojados
a las fauces del mar y a las fauces de la tierra!
¡Tantas vidas
entregadas a la muela del molino, como si fueran
[trigo!
Y los ríos arrastraban entre lodo la sangre
por el cimbreo del lino flotante, por una nube,
por un tremolar de mariposa, por la pluma de un
[cisne,
por una túnica vacía... por Helena.
¿Y mi hermano?
Ruiseñor, ruiseñor, ruiseñor,
¿qué es dios? ¿Qué no es? ¿Qué hay entre uno
[y otro?

«Los ruiseñores no te dejan dormir en Platres.»

Avecilla llorosa,
a Chipre, besada por las aguas,
que han hecho que tanto me recuerde a mi patria,
arribé solitario con esta leyenda,
si es cierto que es una leyenda,
si es verdad que los hombres ya no caen
en el antiguo engaño de los dioses.
Si es cierto

que otro Teucro, dentro de unos años,
o un Ayante, un Príamo o una Hécuba
a algún anónimo desconocido que, sin embargo,
haya visto un Escamandro repleto de despojos,
no está predestinado a escuchar
mensajeros que vienen a pregonar
que tamaño dolor y tantas vidas
se hundieron en el abismo
por una túnica vacía, por una Helena.

## Y EL MAR YA NO EXISTE

Y yo sólo con una caña en mis manos;
estaba desierta la noche, la luna en cuarto menguante
y la tierra olorosa por la última lluvia.
Susurré; el recuerdo duele dondequiera que uno lo
[toque,
el cielo es pequeño, ya no existe el mar,
cuanto muere de día lo vacían con carretas desde la
[cima.

Mis dedos jugaban olvidados con esta flauta
que me regaló un anciano pastor porque le dije
[«Buenas noches»;
los demás han renunciado a toda clase de saludos;
se levantan, se afeitan y comienzan el salario de la
[matanza
como se poda o se opera, con método, sin pasión;
el dolor, cadáver como Patroclo, y nadie comete
[errores.

Pensé en tocar una melodía, pero después tuve
[vergüenza de la otra gente,
la que mira desde más allá de la noche a través de mi
[luz
que tejen los cuerpos vivos, los corazones desnudos
y el amor que corresponde también a las Parcas
como también al hombre, también a la piedra,
[también al agua, también a la hierba,
también al animal que mira en los ojos a la muerte
[que viene a buscarle.

Así avancé por el oscuro sendero
y removí en mi jardín y excavé y sepulté la caña
y aún susurré; un alba verá la resurrección
como resplandecen los árboles de la primavera. Se
[inflamarán las luces de la aurora,
volverá el mar a ser y otra vez del mar resurgirá
[Afrodita;
seamos la semilla que muere. Y entré en mi casa
[vacía.

## PENTEO

La noche le carga de sueños de frutas y de hojas;
el alba no le deja coger ni tan sólo una mora.
Y ambas reparten sus miembros entre las Bacantes.

## EURÍPIDES, ATENIENSE

Envejeció entre las llamas de Troya
y las canteras de Sicilia.

Le gustaban las grutas en las playas y los paisajes del
[mar.
Imaginó las venas de los hombres
como redes de los dioses donde nos atrapan como
[a fieras.
Intentó romperlas.
Era agrio y sus amigos eran pocos;
y, un día, le despedazaron unos perros.

# TRES POEMAS ESCONDIDOS

1966

# SOBRE UN RAYO DE SOL INVERNAL

1

Hojas de lámina mohienta
de la pobre cabeza que pudo ver el fin;
los centelleos escasos.
Hojas que se voltean al paso de gaviotas
bravías en invierno.

Como un pecho que se franqueara
los danzantes en árboles trocáronse
un gran bosque de árboles desnudos.

2

Se queman las algas blancas
surgientes Greas sin párpados
formas que ayer danzaban
llamas petrificadas.
El mundo fue cubierto por la nieve.

3

Los compañeros me habían vuelto loco
con teodolitos calamitas sextantes
y telescopios que agrandaban cosas,
vale más que las cosas queden lejos.
¿Dónde nos llevarán semejantes caminos?
Pero quizás el día comenzado
no se ha extinguido todavía
con un fuego en un barranco como rosa
y un mar aéreo a los pies del Dios.

4

Hace años dijiste:
«Soy en el fondo cosa de la luz.»
Y ahora todavía reclinado
en las anchas espaldas del sueño
si bien ellas te hunden en el pecho
aletargado del océano
buscas rincones donde la negrura
gastada no resiste ya
investigas a tientas la pica destinada
a perforar tu corazón
para que a la luz tu corazón se abra.

5

¿Cuál río cenagoso nos arrastró consigo?
En la parte más honda nos quedamos.
Fluye sobre nuestra cabeza la corriente
pliega las cañas inarticuladas;
las voces
debajo del castaño se volvieron guijarros
que más tarde los niños arrojaron.

## 6

Un hálito pequeño y otro hálito, aura
tan pronto dejas resbalar el libro
o destruyes papeles inanes del pasado
o te asomas a mirar en la pradera
centauros arrogantes que galopan
o tiernas amazonas que sudando
por cuantos surcos tiene el cuerpo
se dedican al salto y a la lucha.

Auras de la resurrección en tal aurora
que diríase ya salido el sol.

7

Cura la llama a la llama
no con el gotear de los momentos
sino fulmínea, de golpe;
tal como dos deseos que se juntan
y perduran unidos
o como
ritmo de música que se quedara
allá fijo en el centro cual estatua

inmutable.

Pasadura no es este resuello
pilotaje de rayo.

# EN ESCENA

1

Juegas conmigo Sol
y sin embargo esto no es danza
tanta desnudez
casi sangre
o bien algún bosque salvaje;
entonces.

2

Se oyeron campanas
y los mensajeros llegaron;
yo no los esperaba
olvidado tenía su acento;
reposados con frescos atavíos
sosteniendo canastas atestadas de fruta.
Tras de maravillarme murmuré:
«Cuánto me gustan los anfiteatros.»
La concha se llenó de pronto
y atenuóse la luz en la escena
cual para un famoso asesinato.

3

¿Y qué buscabas tú? A todas luces tartamuda.
Apenas te habías levantado
dejando las sábanas enfriarse
y los vindicativos baños.
Las gotas resbalaban por tus hombros
por tu vientre
tus pies sobre la piel desnuda de la tierra
en el pasto segado.
Aquéllos, eran tres
como los rostros de la osada Hécate.
Pretendían llevarte consigo.
Tus ojos dos trágicas caracolas
y en las puntas de los pechos
dos pequeños guijarros del color de la guinda,
trastos escénicos, no sé.
Aquéllos daban alaridos
enraizada tú quedabas en la tierra;
sus señas cortaban el aire.
Los esclavos traíanles puñales;

enraizada tú quedabas en la tierra
ciprés.
Sacaban los puñales de las fundas
y buscaban en dónde lesionarte.
Sólo entonces gritaste:
«Acuéstese conmigo quien quisiere,
¿no soy acaso el mar?»

4

El mar, ¿cómo se puso el mar así?
Holgué por años en los montes
y me cegaron las luciérnagas.
En esta playa hoy aguardo
el arribo de un hombre
un resto, una balsa.

¿Mas puede supurar el mar?
Cierta vez un delfín lo desgarró
y otra vez
fue la punta de un ala de gaviota.

Y era dulce con todo aquella ola
en donde yo nadaba y retozaba cuando niño
y aún siendo muchacho
mientras buscaba efigies en las piedras,
espigando ritmos,
me habló el Viejo del Mar:

«Yo soy tu tierra;
tal vez no soy nadie
pero puedo volverme lo que quieras».

5

¿Quién escuchó en pleno mediodía
el arrastrarse del puñal en el mollejón?
¿Qué jinete llegó
con incendaje y teas?
Cada uno se lava las manos
y las refresca.
¿Y quién destripó
a la mujer al crío y la casa?
Culpable no lo hay, evaporóse.
¿Quién escapó
golpeando los cascos en los adoquines?
Abolieron los ojos; están ciegos.
Testigos ya no hay, de nada.

6

¿Cuándo hablarás de nuevo?
Son tus palabras hijas de muchísimos hombres.
Se siembran y engendran como críos.
Echan raíces aliméntanse de la sangre.
Así como los pinos
conservan la forma del viento
aun si el viento se fue, ya no está
lo mismo las palabras
conservan la forma del hombre
y el hombre se fue, ya no está.
Tal vez quieren hablar los astros
que una noche tocaron toda su desnudez
el Escorpión y el Cisne y el Arquero
tal vez ellos.
¿Pero dónde estarás en el momento en que llegue
la luz aquí al escenario?

## 7

Y sin embargo allí, en la otra orilla
bajo el negro mirar de la caverna
soles en las pupilas, pájaros en los hombros
allí estabas; padecías
la otra pena el amor
la otra aurora la presencia
el otro parto la resurrección;
y sin embargo allí reaparecías
en la infinita diástole del tiempo
instante por instante igual que la resina
en la estalactica en la estalagmita.

# SOLSTICIO DE VERANO

## 1

El mayor de los soles en un lado
y del otro luna nueva
lejos de la memoria como aquellos pechos.
Y en medio el abismo de la noche estrellada
el cataclismo de la vida.

Los caballos en las eras
galopan y transpiran
encima de los cuerpos esparcidos.
Allá van todos
y esta mujer
a quien miraste bella, un instante
encórvase ya no resiste más arrodillóse.
Las piedras de molino muelen todo
y todo en astros se convierte.

En vísperas del día más extenso.

2

Todos tienen visiones
por más que nadie lo confiese;
van y aseguran que andan solos.
La magna rosa.
Estuvo siempre aquí
a tu costado sumergida en lo profundo del sueño
tuya y desconocida.
Pero apenas ahora que tus manos la tocaron
en sus remotos pétalos
has sentido caer la pesantez compacta del danzante
en el río del tiempo,
borbollón tremebundo.

No disipes el hálito que te acordó
este respirar.

3

Con todo en este sueño
degenera el ensueño fácilmente
en pesadilla.
Como el pez que brilló bajo la ola
y en el cieno del fondo se sumió
o bien camaleón que cambia de color.
En la ciudad vuelta prostíbulo
rufianes y cuerpos públicos
pregonan encantos podridos;
la muchacha traída por las olas
luce una piel de vaca
para que la monte el torillo;
al poeta
los chiquillos le lanzan deyecciones
mientras ve cómo sangran las estatuas.
Es preciso que salgas de este sueño;
de esta piel fustigada.

## 4

En la demente dispersión
a diestra y a siniestra por encima y abajo
revolotean las basuras.
Sutiles humos deletéreos
paralizan los miembros de los hombres.
Las almas
apresuradas a dejar el cuerpo
tienen sed y no hallan agua por ningún sitio;
fíjanse acá fíjanse allí a la ventura
pájaros atrapados en varetas;
inútilmente se debaten
tanto que no resisten más sus alas.

La región se reviene sin cesar
jarro de tierra cocida.

## 5

En narcóticas sábanas envuelto
el mundo nada tiene que ofrecer
salvo este final.
En la cálida noche la marchita
sacerdotisa de Hécate
con los pechos desnudos arriba en la terraza
implora un plenilunio de artificio, mientras
dos impúberes siervas que bostezan
revuelven filtros aromáticos
en calderos de cobre.
Hartaránse mañana los amadores de perfumes.

El fuego y los afeites de ella son iguales
a los usados por las trágicas
un yeso ya resquebrajado.

## 6

Por los laureles
por las blancas adelfas
por la espinosa peña
y el mar de vidrio a nuestros pies.
Recuerda la túnica que miraste
abrirse y deslizarse sobre la desnudez
y caer al redor de los tobillos
muerta,
si así cayera este sueño
entre los laureles de los muertos.

7

El álamo en el pequeño huerto
su respirar mide tus horas
noche y día;
clepsidra que los cielos llenan.
Bajo la fuerza de la luna sus hojas
arrastran en el blanco muro negras pisadas.
Hay en el borde unos cuantos pinos
y detrás mármoles y luminarias
y hombres así como son los hombres.
Pero el mirlo gorjea
cuando viene a beber
y algunas veces oyes el canto de la tórtola.

En el pequeño huerto de diez pasos de largo
puedes ver cómo cae
la luz del sol en dos claveles rojos
en un olivo y una exigua madreselva.

Admite quién eres.

El poema
no lo sumerjas en los hondos plátanos
nútrelo con la tierra y la roca que tienes.
Para mayores frutos
los hallarás cavando en el mismo lugar.

8

El papel blanco rígido espejo
sólo devuelve lo que eres.

El papel blanco habla con tu voz,
tu propia voz
no la voz que te place;
tu música es la vida
esta que has dilapidado.
Es posible ganarla de nuevo si lo quieres
si te cebas en esa indefinida cosa
que a regresar te impulsa
al punto de partida.

Viajaste, muchas cosas has visto, muchos soles
tocaste muertos y vivos
el dolor percibiste del muchacho
y los quejidos de la mujer
el amargor del niño inmaturo
y lo que percibiste se abate sin sostén

si en este vacío no pones tu confianza.
Tal vez encuentres allá lo que creíste perdido;
el brote de la juventud, la justa sumersión de la vejez.
Tu vida es lo que diste
este vacío es lo que diste
papel blanco.

## 9

Hablabas de cosas que no veían los demás
y éstos reíanse.

Boga con todo el umbroso río
contra la corriente;
cursa los caminos incógnitos
a ciegas, obstinado
y busca palabras enraizadas
como el olivo de múltiples nudos
y déjalos que rían.
Aspira a que también el otro mundo
en la hodierna sofocante soledad habite
en este presente dilapidado,
déjalos.

El rocío del alba y el viento del mar
existen sin que nadie lo demande.

## 10

A la hora en que los sueños se vuelven verdad
al despuntar el día
vi los labios abrirse
pétalo a pétalo.

En el cielo brillaba una delgada hoz.
Temí que los segara.

## 11

El mar que nombran la serenidad
barcos y velas blancas
brisa desde los pinos y el Monte de Egina
respiración jadeante;
resbalaba tu piel sobre la piel de ella
fácil y cálida
cual incipiente pensamiento que se olvida al punto.

Pero en los médanos
un pulpo arponeado lanzó tinta
y en el fondo,
si pudieras pensar hasta donde terminan las hermo-
[sas islas.

Mirábate con toda la luz y la tiniebla que poseo.

12

Agítase ahora la sangre
al bullir el calor
en las venas del cielo virulento.
Pretende trascolarse a través de la muerte
para encontrar la bienaventuranza.

La luz es pulsación
más y más lenta cada vez
piensas que va a detenerse.

## 13

Un poco más y se detiene el sol.
Los espíritus del alba
soplaron en las desecadas caracolas;
el pájaro cantó tres veces
        tres veces sólo;
la lagartija en la piedra blanca
queda inmóvil
mirando la yerba requemada
allí donde se deslizó la culebra.
Un ala negra traza una profunda brecha
arriba en la cúpula del azul,
átala, que se abre.

Dolor de la resurrección.

14

Ahora,
con el plomo fundido de las adivinanzas[1]
el centelleo del mar estival,
la desnudez entera de la vida;
y el pasar y el parar y
el acostarse y el incorporarse
los labios el acariciado vello,
todo quiere quemarse.

Como el pino en pleno mediodía
por la resina sojuzgado
a engendrar la llama se apresura
y no soporta ya el dolor

1. Alusión a una ceremonia que, al mediodía de cada 24 de junio, tiene lugar en ciertas islas griegas. Dicha ceremonia, llamada *klídonas,* se desenvuelve como sigue: Reunidas algunas muchachas, llenan una vasija de barro con el agua de un pozo, en medio del mayor silencio. Al mismo tiempo, caliéntase en otra vasija un pedazo de plomo, hasta que el plomo se funde. En seguida, se vierte el plomo derretido en el primer recipiente lleno de agua, mientras rezan determinadas oraciones. Como es natural, al enfriarse, el plomo se endurece y adopta formas caprichosas. Una de las muchachas lo toma entonces con sus manos y lo entrega a una «adivina», para que, mediante una interpretación de esa forma, le prediga el futuro. El mismo proceso se repite en beneficio de cada una de las participantes. *(Nota del traductor.)*

grítales a los niños que junten la ceniza
y la siembren.
Lo pasado pasó justificadamente.
Y aun lo que no pasó
debe quemarse
en este mediodía con el sol enclavado
en el corazón de la rosa de cien pétalos.

# ÍNDICE